Boggle Me Brain!

Fun Word Games for Kids

(Ages 5 and Up)

Boggle is a timed word-search game for two or more players.

<u>To play</u>

Once the Big Boggle grid is randomized a **three-minute timer** is started and all players simultaneously begin the main search-phase of play.

Players must visually string together adjacent letters in the correct order to create a word (**This edition 3- to 4-letter words**). Adjacent letters neighbor each other horizontally, vertically, or diagonally.

Each player records all the words found by writing on a private sheet of paper.

After three minutes have elapsed, all players must immediately stop writing. The game now enters the scoring phase.

A	E	U	D	C
T	L	U	L	C
C	R	T	E	O
B	O	A	I	O
S	I	E	L	O

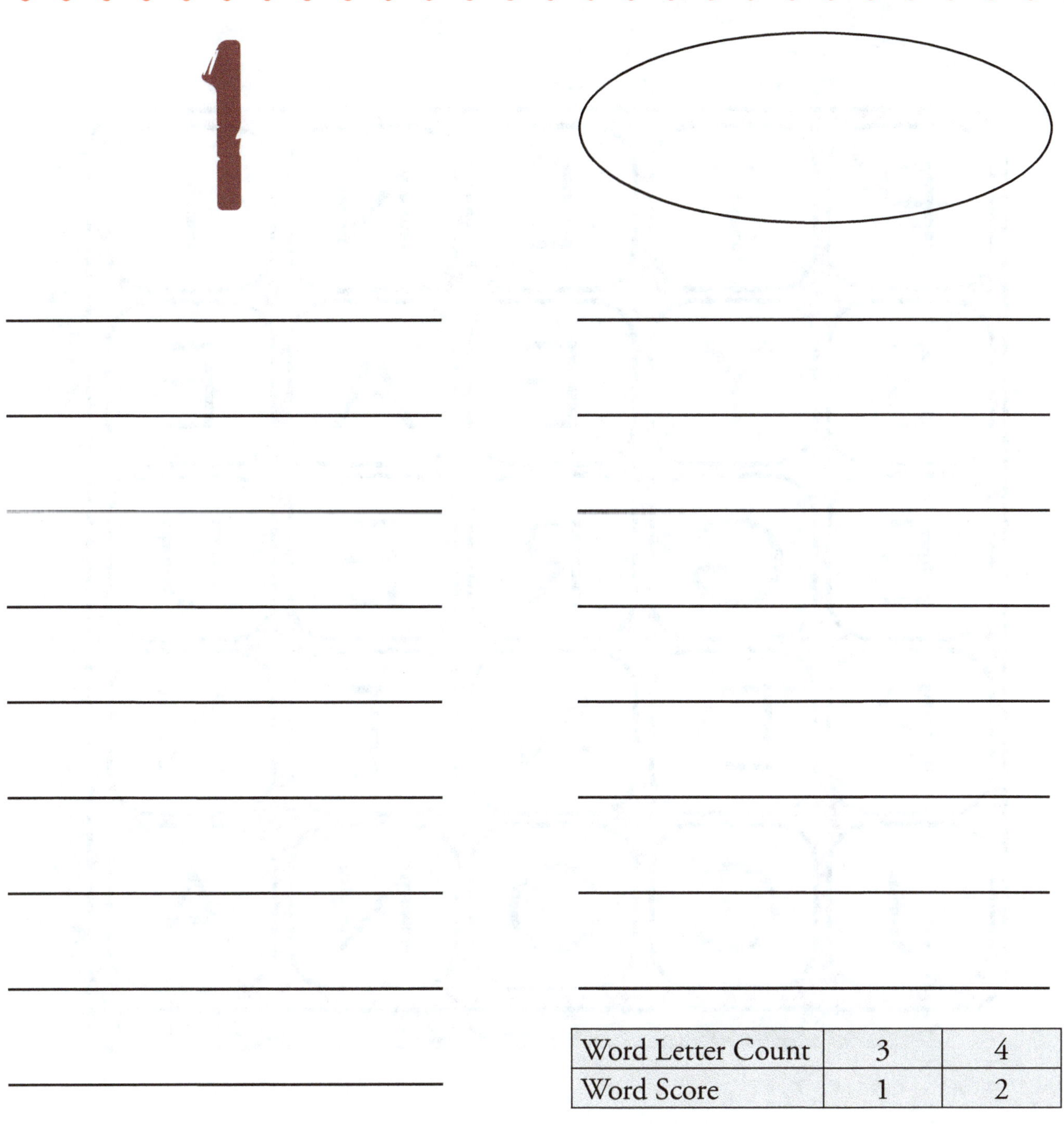

Word Letter Count	3	4
Word Score	1	2

P T L N I
S Y E A E
E G R E U
P D N T N
J C O N A

2

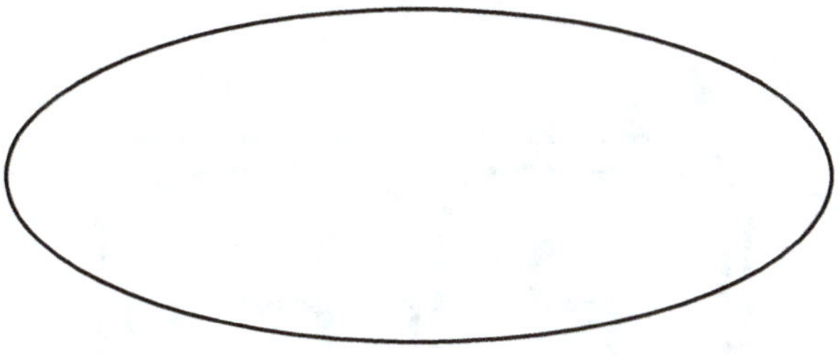

Word Letter Count	3	4
Word Score	1	2

R H S N E
N E A U D
T Y H J T
O I I I F
S N A E T

3

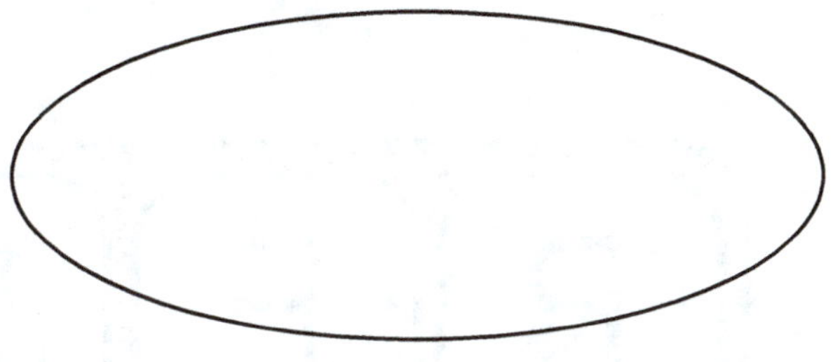

Word Letter Count	3	4
Word Score	1	2

R E P O S
F T S I P
T O N N E
T S G Z L
M A W M N

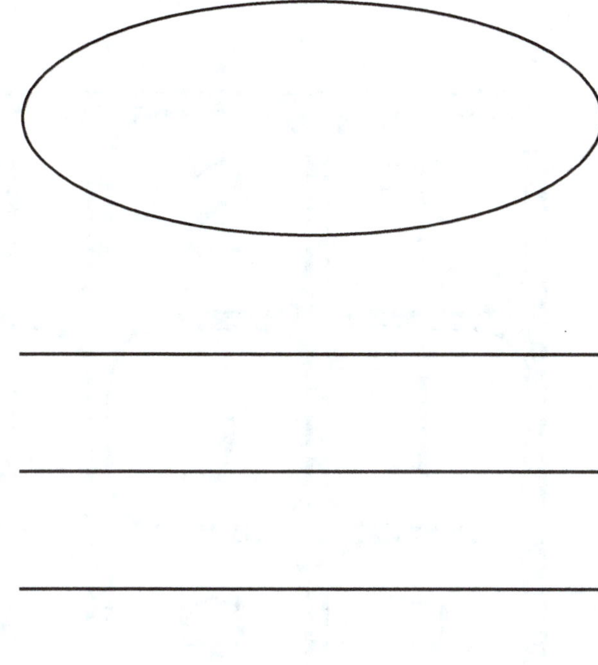

Word Letter Count	3	4
Word Score	1	2

T	S	E	C	A
I	L	E	D	T
E	R	Y	R	A
A	E	O	M	V
T	M	E	I	Qu

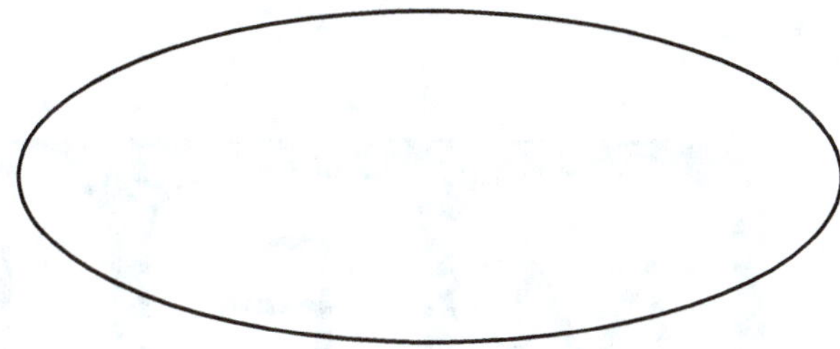

Word Letter Count	3	4
Word Score	1	2

M E E E N
T C M O N
S N M O S
X Y R I I
H V R R P

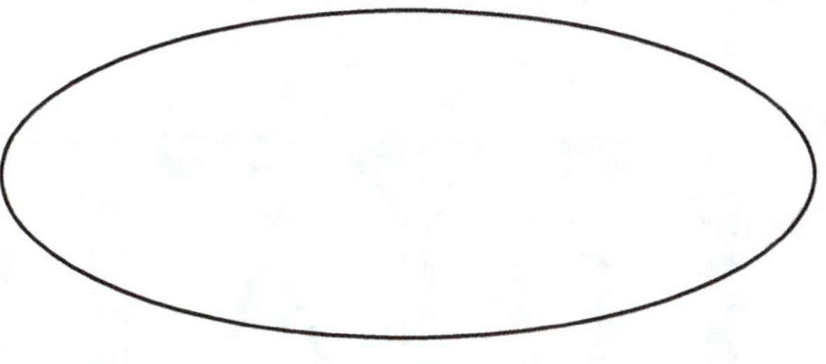

Word Letter Count	3	4
Word Score	1	2

U A R E E
L E T Qu S
G E N N N
C P F A E
T L T R O

Word Letter Count	3	4
Word Score	1	2

N	S	J	H	I
A	R	G	T	S
D	L	S	T	E
G	C	R	E	N
T	N	A	A	I

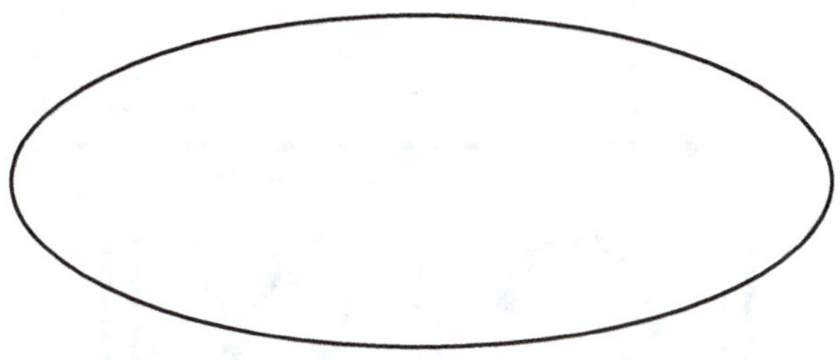

Word Letter Count	3	4
Word Score	1	2

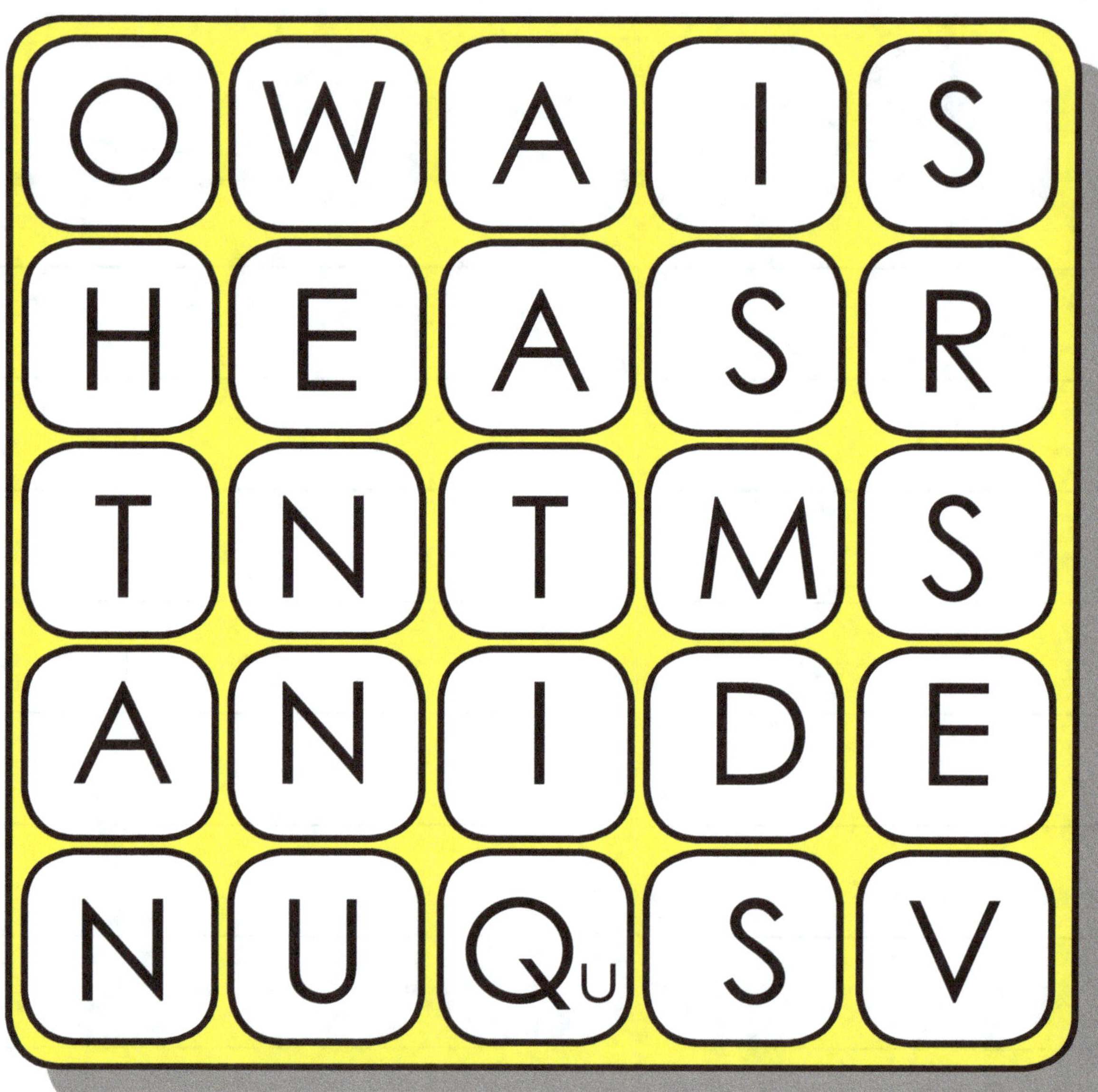

9

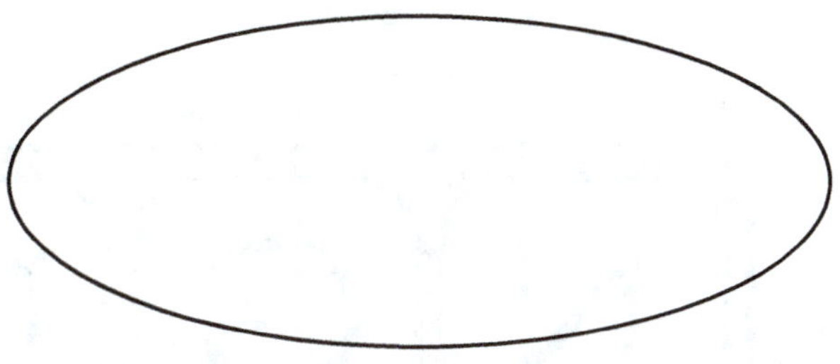

Word Letter Count	3	4
Word Score	1	2

N	G	O	S	T
R	T	C	A	O
O	M	F	T	D
G	S	T	O	R
E	J	L	S	F

10

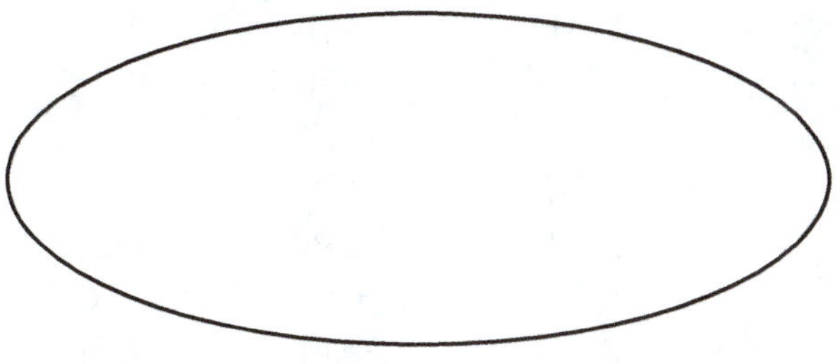

Word Letter Count	3	4
Word Score	1	2

1

URBS	SIAL	LATI	BORA	SIB	ETA
URAO	RULE	LATE	BOIS	RUT	ELT
TULE	ROTL	IOTA	BOAT	RUE	ELD
TRUE	ROTI	ILEA	BOAR	RUD	ECO
TROT	ROTE	EURO	BIOS	ROT	EAT
TRAT	ROTA	EORL	ATOC	ROE	EAR
TORT	ROBS	EARL	ARTI	ROC	DUE
TORC	RATU	EALE	ARLE	ROB	CRU
TORA	RATO	DURO	ARCO	RAT	COT
TOEA	RATE	DURA	ARBS	RAI	COS
TILE	RALE	DULE	ALTO	ORT	COR
TIAR	RAIT	DUET	ALOE	ORC	COO
TELT	RAIS	DUEL	ALIT	ORB	COL
TELD	RAIL	CRUE	ALCO	ORA	COB
TELA	ORLE	CRUD	AITU	OLE	CEL
TEIL	ORBS	COTE	UTE	OLD	BRU
TEAR	ORAL	COOL	UTA	OIL	BRO
TEAL	OLIO	COLT	URB	OBS	BRA
TART	OLEO	COLE	ULU	OBI	BOT
TARO	OLEA	COLD	ULE	OAT	BOS
TAOS	OCTA	COIT	TOR	OAR	BOR
TALI	OBIS	COIL	TOE	LUR	BOI
TALE	OBIA	COBS	TOC	LUD	BOA
TALC	LUTE	COAT	TIL	LOO	BIS
TAIS	LULU	COAL	TIE	LIT	BIO
TAIL	LITU	CLUE	TEL	LIE	ATE
TAEL	LITE	CLAT	TEC	LEU	ART
SORT	LIEU	CELT	TEA	LET	ARC
SORB	LIAR	CEIL	TAR	LEI	ARB
SORA	LEUD	BRUT	TAO	LEA	ALT
SOAR	LEIS	BROS	TAI	LAT	ALE
	LEAT	BRAT	TAE	LAR	AIT
	LEAR	BRAE	SOT	ITA	AIS
	LEAL	BOTA	SOC	ISO	AIL
	LATU	BORT	SOB	IOS	

2

YEST	TEAL
YERD	TANE
YELT	SYEN
YEAR	SYED
YEAN	STYE
UNTO	STEY
TYRE	STEN
TYGS	RYES
TYES	RETS
TYER	RENT
TYEE	REND
TYED	RELY
TUNE	REGS
TUNA	REEN
TUAN	REEL
TRYP	REAN
TRYE	REAL
TREY	RAUN
TRET	RANI
TREE	RALE
TONG	RAIN
TONE	PYRE
TERN	PYET
TENE	PYES
TEND	PEST
TELA	PEGS
TEGS	ONER
TEER	ODES
TEEN	NOTE
TEEL	NOTA
TEAR	NONG
	NONE
	NONA
	NODE
	NETS

						3	
NERD	GETS	DREG	TYG	NON	EEL		SNIT
NEGS	GEST	DREE	TYE	NOD	EAU	YONI	SNED
NEAR	GERT	DOTE	TUN	NIE	EAR	YITE	SITE
NEAL	GERE	DONG	TRY	NET	EAN	YINS	SHET
NARY	GENE	DONE	TON	NEG	DRY	YETI	SHEA
NARE	GENA	DONA	TOD	NEE	DOT	YEAS	SHAY
NARD	GELT	DEYS	TOC	NAT	DON	YEAN	SHAN
NANE	GEAR	DEGS	TEN	NAN	DOC	YEAH	SHAH
LYTE	GEAN	COTE	TEL	NAE	DEY	YAUD	SENT
LYSE	GEAL	CONN	TEG	LYE	DEG	YAHS	SEAN
LYRE	EYRE	CONE	TEE	LEY	COT	USER	SAUT
LYRA	EYRA	COND	TEA	LET	CON	UNDE	SANE
LYES	EYES	CODE	TAN	LEG	COD	TYNE	SAND
LEYS	EYER	AUTO	SYE	LEE	AUE	TYIN	RHEA
LETS	EYEN	AUNT	STY	LEA	ATE	TYES	RESH
LERE	EYED	AUNE	SPY	LAR	ARY	TYER	RENY
LEGS	ETNA	ATUA	SEY	GYP	ART	TUSH	RENT
LEET	ESPY	ATOC	SEG	GEY	ARE	TUNS	REHS
LEER	ERNE	ARYL	SED	GET	ARD	TUNE	REAN
LEAR	ERGS	ARET	RYE	GEN	ANT	TUND	OYES
LEAN	ENGS	AREG	RET	GEL	ANN	TUNA	OYER
LARN	ELTS	ANTE	REN	GEE	ANI	TUAN	ONIE
LARE	ELAN	ANON	REG	GED	ANE	TONS	NYES
LARD	EINE	ANNO	REE	EYE	ALT	TITE	NYAS
LANE	EINA	ALTS	RAN	ETA	ALE	TINS	NUDE
LAIN	EGER	ALEE	RAI	EST	AIN	TIFT	NOTE
LAER	EERY	AINE	PYE	ERN		TERN	NITE
INLY	EELY	AERY	PST	ERG		TEHR	NIEF
GYTE	EDGY	YET	PES	ERE		TEAS	NESH
GYRE	EDGE	YES	PEG	ERA		SUED	NAIF
GYPS	EARN	YEP	PED	ENG		SOYA	JINS
GREY	EARD	YEN	ONE	ENE		SNOT	JANE
GREN	EALE	YEA	ODE	END			ISNA
GREE	DRYS	UTE	NUT	ELT			IONS
GRAN	DREY	UTA	NOT	EEN			INIA

HYTE	AYES	SOT	NAE	ENS	**4**	SOTS	PINS
HYES	AUNE	SON	JUT	END		SOPS	PING
HYEN	ANUS	SIT	JUS	EHS		SONS	PINE
HUSH	ANIS	SIN	JUN	EFT	ZEPS	SONG	PETS
HUNS	AITU	SHE	JUD	EAU	ZEIN	SOGS	PEST
HUED	AINS	SHA	JIN	EAS	WATT	SOFT	PESO
HIYA	AHIS	SEY	JAY	EAN	WATS	SNOT	PERT
HISN	YOS	SET	ISO	DUN	WAST	SNOG	PENS
HINS	YON	SER	IOS	DUH	WASM	SNIP	PENI
HERN	YIN	SEN	ION	DUE	WAGS	SIST	PEIN
HENT	YET	SEA	INS	DEN	TRES	SIPS	OPTS
HEHS	YES	SAY	HYE	AYE	TREF	SIPE	OPES
HAUT	YEN	SAU	HUT	AUE	TOTS	SINS	OPEN
HAUD	YEH	SAN	HUN	ASH	TOTE	SING	ONST
HASH	YEA	SAE	HUE	ANI	TOST	SINE	ONIE
HAND	YAH	RET	HIT	ANE	TOSE	SIEN	OINT
HAJI	YAE	RES	HIS	AND	TOSA	SETT	OGAM
HAHS	USE	REN	HIN	AIT	TONS	SERF	NOTT
HAET	UNS	REH	HIE	AIS	TONG	SEPT	NOTE
HAES	TYE	OYE	HEY	AIN	TOGS	SAGO	NOTA
HAEN	TUN	ONS	HET	AHS	TOGA	RETS	NOSE
EYOT	TOY	NYE	HES	AHI	TOFT	REST	NOGS
EYAS	TON	NUT	HER		TERF	REPS	NIPS
ESNE	TIT	NUS	HEN		TAWS	REPO	NINE
EINA	TIS	NOY	HEH		TAMS	REFT	NEPS
EAUS	TIN	NOT	HAY		TAGS	PSIS	MAWS
EANS	TIE	NOS	HAS		SWAT	POST	MATT
DUSH	TES	NIT	HAN		SWAM	POSE	MATS
DUNS	TEN	NIS	HAJ		SWAG	POPS	MAST
DUNE	TEF	NIE	HAH		STOT	POPE	MAGS
DUAN	TEA	NET	HAE		STEP	POIS	LEPS
DJIN	SUN	NED	FIT		STAW	PISO	LENS
DEUS	SUE	NAY	FIE		STAG	PISE	LENG
DENS	SUD	NAS	FET		SPIN	PIPS	LEIS
AYIN	SOY	NAH	ERN		SPIE	PIPE	ISOS
					SPET	PINT	INTO

			5				
INNS	SOG	NOG		TAME	REAM	LYRE	EERY
INGO	SMA	NIS		TAEL	RATE	LYRA	EELY
GONS	SIS	NIP		TACE	RATA	LYME	EELS
GATS	SIP	NIE		STIR	RAMI	LYES	ECAD
GAST	SIN	NEP		STIE	RADE	LITS	EARL
GAMS	SET	MAW	YORE	SLIT	QUIM	LIST	DYES
FRET	SER	MAT	YEST	SLEY	OYES	LIRE	DYER
FONT	SAW	MAS	YERD	SLEE	OYER	LIRA	DREY
FONS	SAT	MAG	YELT	SLED	ORLE	LIER	DREE
FOGS	SAM	LEZ	YEED	SIRE	ORES	LEST	DRAT
FETT	SAG	LEP	YEDE	SILT	ORAD	LERE	DRAM
FETS	RET	LEI	YEAR	SILE	OMER	LEIS	DESI
FEST	RES	ISO	VARY	SERE	MOYL	LEIR	DERV
ESNE	REP	IOS	VARE	SERA	MORT	LEET	DERO
EPOS	REF	INS	VADE	SELE	MORE	LEES	DERM
ENGS	PST	INN	TRYE	SEER	MORA	LEER	DERE
EFTS	PSI	GOT	TROY	SEEL	MOMI	LEED	DELT
AGON	POS	GOS	TREY	SEED	MOME	LEAT	DELS
ZEP	POP	GON	TRES	SECT	MOER	LEAR	DELI
ZEL	POI	GAT	TREE	RYES	META	LEAM	DELE
WAT	PIS	GAS	TRAM	RORY	MERL	ISLE	DEES
WAS	PIP	GAM	TRAD	RORT	MERI	IRES	DEER
WAG	PIN	FON	TIRO	RORE	MERE	IRED	DATA
TOT	PIE	FOG	TIRL	ROMA	MEMO	ILEA	DART
TON	PET	FET	TIRE	RITS	MEME	EYRE	DARE
TOG	PES	FES	TILS	RISE	MEET	EYRA	DAME
TES	PER	FER	TILE	RILE	MEER	EYES	DACE
TEF	PEN	EST	TIER	RIEL	MEAT	EYER	CERT
TAW	OSE	ERF	TEME	REST	MATE	EYED	CERO
TAS	OPT	ENS	TEER	RELY	MARY	ERES	CERE
TAM	OPS	ENG	TEEM	REIS	MART	ERED	CELT
TAG	OPE	ELM	TEEL	REES	MARL	EORL	CELS
SOT	ONS	EFT	TEAR	REEL	MARE	EMYD	CEES
SOS	OFT	ATT	TEAM	REED	MARD	ELTS	CEDE
SOP	NOT	AGS	TARO	REDE	MADE	ELSE	CADE
SON	NOS	AGO	TARE				

				6			
ARYL	TAD	MET	DEL		NONE	SON	MET
ARMY	SLY	MEM	DEE		NOME	SOM	MEN
ARLE	SIT	MEE	DAM		NOIR	SNY	MEM
ARIS	SIR	MAT	CEL		NEON	SIR	MEE
ARIL	SEY	MAR	CEE		NEMN	SIP	ISO
ARET	SER	MAE	CAT	XYST	NEEM	SIM	IOS
ARES	SEL	MAD	CAD	TEME	MORN	ROO	ION
ARED	SEE	LYM	ATE	TEEM	MOOS	ROM	EON
AMYL	SED	LYE	ARY	TECS	MOOR	RIP	ENS
AMIE	SEC	LIT	ART	SYNC	MOON	RIM	EMO
AERY	RYE	LIS	ARM	STEM	MOOI	PIS	EME
AERO	ROM	LIE	ARE	SORN	MONS	PIR	EEN
ADRY	ROE	LEY	ARD	SORI	MONO	OOS	CEE
ACTA	RIT	LES	AMI	SOON	MOMI	OOR	
ACES	RET	LEI	ACT	SOOM	MOME	OON	
ACER	RES	LEE	ACE	SONE	MISO	OOM	
ACED	REO	LED		SOMY	MIRY	ONS	
YOM	REM	LEA		SOME	MIRV	ONO	
YET	REI	ITS		SNEE	MIRO	ONE	
YES	REE	IRE		SIRI	MIRI	NYS	
YEA	RED	EYE		ROOS	METS	NOS	
VIM	REC	ETA		ROON	MENO	NOR	
VIE	RAT	EST		ROOM	MEMO	NOO	
VAT	RAM	ERE		RONE	MEME	NON	
VAR	RAD	ERA		RIMY	MEET	NOM	
TRY	OYE	EMO		PRIM	IRON	NEE	
TIS	ORT	EME		PISO	IRIS	MOS	
TIL	ORE	ELT		PIRN	IONS	MOR	
TIE	ORD	ELS		PION	HYMN	MOO	
TEE	ORA	EEL		ORYX	EONS	MON	
TEA	MOY	EAT		OONS	EMOS	MOM	
TAV	MOR	EAR		ONOS	EMMY	MOI	
TAR	MOM	DYE		OMEN	TEE	MOE	
TAM	MOI	DRY		NORM	TEC	MIS	
TAE	MOE	DEY		NORI	SYN	MIR	
				NOON			

7

TRES
TREE
TENE
TELE
TELA
TEES
TEER
TEEN
TEEL
TEAR
TEAL
TARO
TARE
TANS
TANE
TALE
TAEL
SNAR
SETA
SERE
SERA
SEER
ROAN
RETE
RENT
RENS
REES
REEN
REEL
REEF
REAN

REAL
RATE
RANT
RALE
RAFT
PENT
PENE
PELE
PELA
PEER
PEEN
PEEL
ORFE
NETE
NEEP
NEAT
NEAR
NEAL
NARE
NANS
NANE
LERE
LEPT
LENT
LEFT
LEET
LEER
LEEP
LEAT
LEAR
LATE
LARE
LAER
GLUE
GLEN
GLEE

GETA
GERT
GERE
GENT
GENE
GENA
GEEP
GEAT
GEAR
GEAL
FROE
FRAT
FRAE
FETE
FETA
FENT
FEET
FEER
FEEN
FEEL
FART
FARO
FARE
FANS
FANE
ETNA
ETEN
ESNE
ERES
EOAN
EGER
EANS
EALE
CETE
CENT
ATES

ARET
ARES
AREG
ANTE
ANTA
ANNS
ALEF
ALEE
ALEC
AFRO
AERO
ULE
TES
TEN
TEL
TEG
TEF
TEE
TEC
TEA
TAU
TAR
TAO
TAN
TAE
SET
SER
SEE
ROE
RET
RES
REO
REN
REG
REE
RAT

RAN
PET
PEN
PEG
PEE
PEC
ORT
ORF
ORE
ORA
OAT
OAR
OAF
NET
NEP
NEG
NEF
NEE
NAT
NAN
NAE
LEU
LET
LEP
LEG
LEE
LEA
LAT
LAR
GET
GEN
GEL
GEE
FRO
FRA
FET

FEN
FEG
FEE
FAT
FAR
FAN
FAE
ETA
ERF
ERE
ERA
ENS
ENE
EFT
EEN
EEL
EAU
EAT
EAR
EAN
CEP
CEL
CEE
AUE
ATE
ART
ARF
ARE
ANT
ANN
ANE
ALE
AFT

8

TRES
TREE
THIS
TETS
TETH
TETE
TEST
TERN
TENT
TENE
TEES
TEER
TEEN
TEAR
STET
STEN
SNAR
SITS
SITH
SITE
SHIT
SETT
SETS
SERA
SENT
SENE
SENA
SEES
SEER
SEEN
SEAR

SEAN
SCAR
SCAN
SARS
SARD
SALS
RETS
RETE
REST
RENT
REIN
REES
REEN
REAN
RANT
RANI
RANG
RAIN
NIES
NETT
NETS
NETE
NEST
NESH
NEAR
NARE
NARD
NARC
NAAN
LARS
LARN
LARD
HITS
HIST
GRAN
GRAD

			9				
GNAR	ANTS	NAE		TAWA	QUIT	ISMS	AIRS
GLAD	ANTE	LAS		TASS	QUIN	IDES	AIAS
GHIS	ANES	LAR		TANH	QUIM	IDEM	WOE
ETNA	AINE	LAD		TANE	QUID	HWAN	WHO
ETHS	AESC	ITS		TANA	NITS	HOWE	WET
ETEN	ACRE	ISH	WHET	TAMS	NITE	HETS	WEN
ESTS	TIS	HIT	WHEN	TAME	NINE	HENT	WAT
ERST	TET	HIS	WETS	TAIS	NIMS	HEAT	WAS
ENES	TES	GHI	WETA	STIM	NIDS	ETNA	WAN
EINE	TEN	ETH	WENT	STEW	NIDE	ETAS	WAI
EINA	TEE	EST	WENA	STET	NETS	EMIT	WAE
EARS	TEA	ERS	WEAN	STEN	NEAT	EDIT	UNI
EARN	SIT	ERN	WATS	STAW	NATS	EATS	TIS
EARL	SET	ERA	WATE	SRIS	NANE	EAST	TIN
DARN	SER	ENE	WAST	SMIT	NANA	DITS	TID
DARG	SEN	EEN	WASM	SITS	NAMS	DITE	THO
DANS	SEI	EAR	WANT	SITE	NAME	DITA	THE
DALS	SEE	EAN	WANE	SIST	MITE	DINT	TEW
CREE	SEA	DAS	WAME	SISS	MISE	DINE	TET
CRAN	SAR	DAN	WAIS	SIRS	MINT	DIMS	TEN
CLAN	SAN	DAL	WAIR	SINH	MINE	DIME	TEA
CLAD	SAL	CAR	UNIT	SINE	MINA	DEVS	TAW
CART	SAD	CAN	UNIS	SIMS	MIDS	DESI	TAU
CARS	RET	CAA	TINT	SIMA	MESS	AUNT	TAS
CARN	RES	ART	TINE	SIDE	MEDS	ANTS	TAN
CARL	REN	ARS	TIME	SESS	MATS	ANTI	TAM
CARE	REI	ARE	TIDS	SEMI	MATE	ANTE	TAI
CANT	REE	ARD	TIDE	SATI	MAST	ANTA	TAE
CANG	RAS	ARC	THEW	SATE	MASS	ANNA	SRI
ARTS	RAN	ANT	THEN	SANT	MASA	ANIS	SMA
ARSE	RAI	ANI	TETS	SANE	MANI	ANEW	SIT
ARNA	RAD	ANE	TETH	SAMS	MANE	ANAS	SIS
ARET	NIE	ALS	TENT	SAME	MANA	ANAN	SIR
ARES	NET	AIN	TEAT	SAIS	MAIR	AMIS	SIN
AREA	NEE	ACT	TEAS	SAIR	MAAS	AMIN	SIM
ARCS	NAS		TEAM	RIAS	ITAS	AMID	SED

SAW
SAT
SAN
SAM
SAI
SAE
RIA
OWE
NUN
NTH
NIT
NIS
NIM
NID
NEW
NET
NAW
NAT
NAS
NAN
NAM
NAE
MIS
MID
MES
MED
MAW
MAT
MAS
MAN
MAE
MAA
ITS
ITA
ISM
INN

IDS
IDE
HOW
HOE
HEW
HET
HEN
ETH
ETA
ESS
EMS
EDS
EAT
EAS
EAN
DIT
DIS
DIN
DIM
DEV
AWE
AWA
ATE
ASS
ANT
ANN
ANI
ANE
ANA
AMI
AIS
AIR
AIA
AAS

10

TROT
TROG
TROD
TOTS
TOST
TOSE
TOSA
TORT
TORS
TORN
TOMS
TOLT
TOGS
TOGE
TOFT
TOCS
TOAD
TATT
TATS
TAOS
TACT
TACO
STOT
STOA
STAT
SOTS
SORT
SORN
SORD
SOLS
SOFT

SOFA
SODA
SOCA
SMOG
SLOT
SEGO
SCOT
SCOG
SCAT
SCAD
SAFT
SADO
ROTS
ROTO
ROTL
ROTA
ROST
ROSE
ROMS
OTTO
ORFS
ORDO
ODOR
ODAS
OCTA
OCAS
OATS
OAST
OAFS
MOST
MOSE
MORT
MORN
MOGS
LOTS

LOTO
LOTA
LOST
LORD
LOFT
JEST
GROT
GROG
GORM
GOAT
GOAS
GOAF
GOAD
GEST
FROS
FORT
FORD
FATS
FAST
FADO
FACT
ESTS
EGOS
DOTS
DOST
DORT
DORS
DOLT
DOLS
DOAT
DATO
DAFT
COST
COAT
CATS

CAST
ADOS
TOT
TOR
TOM
TOG
TOD
TOC
TAT
TAS
TAO
TAD
SOT
SOM
SOL
SOG
SOD
SOC
SEG
SAT
SAD
SAC
ROT
ROM
ROD
OSE
ORT
ORS
ORF
ORD
OMS
OFT
ODA
OCA
OAT

OAF
MOT
MOS
MOR
MOG
LOT
LOS
LOR
LOD
GOT
GOS
GOR
GOA
FRO
FOR
FAT
FAS
FAD
EST
EGO
DOT
DOS
DOR
DOL
DOF
DAS
COT
COS
COG
CAT
CAD
ATT
AFT
ADO
ACT